BEI GRIN MACHT SICH IHR WISSEN BEZAHLT

- Wir veröffentlichen Ihre Hausarbeit, Bachelor- und Masterarbeit

- Ihr eigenes eBook und Buch - weltweit in allen wichtigen Shops

- Verdienen Sie an jedem Verkauf

Jetzt bei www.GRIN.com hochladen und kostenlos publizieren

Objektorientierte Software-Entwicklung. Arbeit mit der Unified Modeling Language

Fabian Schnabel

Bibliografische Information der Deutschen Nationalbibliothek:

Die Deutsche Nationalbibliothek verzeichnet diese Publikation in der Deutschen Nationalbibliografie; detaillierte bibliografische Daten sind im Internet über http://dnb.d-nb.de abrufbar.

ISBN: 9783346836540
Dieses Buch ist auch als E-Book erhältlich.

© GRIN Publishing GmbH
Nymphenburger Straße 86
80636 München

Druck und Bindung: Books on Demand GmbH, Norderstedt Germany
Gedruckt auf säurefreiem Papier aus verantwortungsvollen Quellen

Das vorliegende Werk wurde sorgfältig erarbeitet. Dennoch übernehmen Autoren und Verlag für die Richtigkeit von Angaben, Hinweisen, Links und Ratschlägen sowie eventuelle Druckfehler keine Haftung.

Das Buch bei GRIN: https://www.grin.com/document/1335566

Schnabel, Fabian

Assignment

Objektorientierte Software-Entwicklung, UML

Studiengang: Wirtschaftsinformatik - Bachelor of Science (B. Sc.)

Modul: Grundlagen objektorientierte Softwareentwicklung (SWE24)

Datum: 22.12.2022

Inhaltsverzeichnis   Seite

I

Abbildungsverzeichnis

Tabellenverzeichnis

1 Einleitung

1.1 Begründung der Problemstellung

Heutzutage werden neue Technologien außerordentlich schnell entwickelt. Die Softwareentwicklung nimmt dabei eine zentrale Rolle ein. Jede Funktionalität in modernen, IT-gestützten Systemen wurde durch den Einsatz von Software implementiert. Das Einsatzspektrum der Software reicht hierbei von einfachen digitalen Taschenrechnern bis hin zu komplexen, automatisierten Fertigungsmaschinen. Grundlegend ist jedoch eine steigende Komplexität aufgrund der kontinuierlichen informationstechnischen Weiterentwicklung zu erkennen. Kunden formulieren stetig kompliziertere Anforderungen an die gewünschten Endprodukte, was die Softwareentwickler laufend vor neue Herausforderungen stellt. Daher ist eine systematische Vorgehensweise bei der Entwicklung unbedingt von Nöten. Die Unified Modeling Language, kurz UML, stellt diesbezüglich ein Hilfsmittel zur Entscheidungsdokumentation im Entwicklungsprozess dar. Die entwickelten Diagramme der komplexen Systeme dienen der Informationsbereitstellung und können je nach Phase der Entwicklung immer weiter angepasst werden. Sie helfen wesentlich derartige Systeme zu verstehen, Risiken zu eliminieren und weitere potentielle Optimierungen vorzunehmen.[1]

1.2 Aufbau und Zielsetzung der Arbeit

Das Ziel der vorliegenden Arbeit besteht darin drei essentielle Diagrammarten der UML im Rahmen eines Use-Case-, Klassen- und Sequenzdiagramms zu erläutern, diese im objektorientierten Entwicklungsprozess einzuordnen und im Anschluss daran das gelernte Wissen auf ein Praxisbeispiel anzuwenden.

Zuerst werden die Grundlagen bezüglich der drei verwendeten UML-Diagramme beschrieben. Hierbei sollen die wesentlichen Bestandteile jedes Diagramms, sowie dessen Anwendungszweck erläutert werden. Am Ende des Kapitels erfolgt eine grobe Einordnung der Diagramme in die objektorientierte Softwareentwicklung. Anschließend folgt die Umsetzung der Diagramme hinsichtlich eines Praxisbeispiels. Dabei werden die erstellten Diagramme

---

[1] vgl. Kleuker (2018), S. V ff., 405 ff.

beschrieben und präzise in den Softwareentwicklungsprozess eigeordnet. Am Ende der Arbeit folgt eine Dokumentation der wichtigsten Ergebnisse, gefolgt von einer kritischen Würdigung.

2 Wichtige Diagrammarten der UML

2.1 Use-Case-Diagramm

Im Mittelpunkt aller UML-Diagramme steht das Use-Case-Diagramm. Es beschreibt die grundsätzlichen Funktionalitäten eines Systems. *Wer* soll *was* tun können ist dabei die zentrale Frage, die durch das Diagramm beantwortet werden soll. Der Aufbau der Darstellung wird modular gestaltet, was bedeutet, dass einzelne Einheiten des Diagramms in strukturierter Form zusammengesetzt werden. Die Menge der unterschiedlichen Komponenten ist diesbezüglich sehr gering. Die verfügbaren Elemente beschränken sich dabei auf die Use Cases, Beziehungen zwischen den Use Cases, Akteure und Systemgrenze.

Ersteres in der Aufzählung stellen sogenannte Anwendungsfälle dar, die jeweils ein Stück Funktionalität aus dem System beschreiben. Jede einzelne Funktion ist von allen anderen abgegrenzt und bildet ein eigenständiges und komplettes Element. Dabei muss immer ein Trigger vorhanden und ein Mehrwert erzeugt werden. Illustriert wird ein Use Case durch eine Ellipse (siehe Anhang 1).

Beziehungen zwischen Anwendungsfällen werden durch gestrichelte Pfeile gekennzeichnet (siehe Anhang 2). Sie können in zwei Arten unterteilt werden. Eine *include*-Beziehung, die bei Durchführung des Use Cases am Pfeilanfang zwingend die Ausführung des Use Cases an der Pfeilspitze erfordert, oder eine *exclude*-Beziehung, die den Anwendungsfall am Pfeilanfang nur unter Umständen auslöst.

Genutzt werden die Funktionalitäten des Systems von den sogenannten Akteuren, welche meist durch Menschen vertreten sind, jedoch aber auch anderweitige IT-Systeme sein können, und durch Strichmännchen verdeutlicht werden (siehe Anhang 3). Hierbei nimmt der Akteur eine Rolle bei der Benutzung der ausgestellten Use Cases ein und greift somit auf diese zu. Die folgende *benutzt*-Beziehung wird dabei nur mit einer durchgezogenen Linie markiert.

Die Systemgrenze beläuft sich auf ein Rechteck und grenzt alles, was zum System gehört, ein, indem es die gezeichneten Elemente in der Innenfläche einschließt. Ausgeschlossen von dieser Eingrenzung sind die Akteure, welche sich außerhalb der Randlinie befinden. [2] [3]

2.2 Klassendiagramm

Statische Softwaresysteme können mit Hilfe eines Klassendiagramms optimal modelliert werden. Dieses stellt die fundamentalen Arten von Daten und die Verhaltensweise eines Systems dar, indem Klassen, deren jeweilige Attribute und Operationen miteinander in Beziehung gebracht werden. Dabei kann das Diagramm rein der informalen Kommunikation oder darüber hinaus als Basis zur Generierung von Programmcode dienen. Letzteres findet besonders in der objektorientierten Softwareentwicklung Anwendung.

Eine Klasse ist eine Vorlage für die Erstellung von Objekten mit den gleichen Eigenschaften. Die Darstellung erfolgt durch ein Rechteck, welches in drei Segmente aufgeteilt ist, die jeweils durch eine horizontale Linie getrennt sind. Von oben nach unten gelesen beinhalten die Felder den Klassennamen, die Attribute und zuletzt die Operationen (siehe Anhang 4).

Attribute definieren die Strukturmerkmale einer Klasse und beschreiben somit den Aufbau eines zugehörigen Objekts. Jedes dieser Attribute hat einen Datentyp, welcher durch einen Doppelpunkt vom Attributnamen getrennt ist. Operationen bilden die Schnittstelle einer Klasse und werden mit Bezeichnung, Parameter und Constraints angegeben. Attribute und Operationen jeder Klasse können in vier Sichtbarkeitsstufen eingeteilt werden (siehe Tabelle 1).

Sichtbarkeitsstufe	Symbol	Auswirkung
Private	-	Attribute und Methoden sind nur im Kontext der eigenen Klasse verfügbar
Public	+	Zugriff auf die Klasse kann von überall erfolgen
Package	~	Innerhalb des Pakets, in der sich die Klasse befindet, kann auf die Methoden und Attribute zugegriffen werden
Protected	#	Sichtbarkeit innerhalb der eigenen Klasse und den dazugehörigen Kindklassen

Tabelle 1: Sichtbarkeitsstufen einer Klasse im Klassendiagramm[4]

---

[2] vgl. Brandt-Pook/Kollmeier (2020), S. 67 ff.
[3] vgl. Herrmann (2022), S. 114 ff.
[4] ähnlich: Broy/Kuhrmann (2021), S. 590

Assoziationen werden, im Zusammenhang mit Klassendiagrammen in der UML, Beziehungen zwischen Klassen genannt. Eine einfache Assoziation wird durch einen Strich dargestellt und beschreibt ein Verhältnis mit gegebenenfalls vorhandener Kardinalität zwischen zwei Klassen (siehe Anhang 5). Weiterhin existiert die Beziehungsart der Komposition, welche auch Teil-Ganzes-Beziehung genannt wird, da das Objekt auf der gegenüberliegenden Seite der ausgefüllten Raute des Strichs nicht ohne das in Bezug gesetzte Teil existieren kann (siehe Anhang 6). Die letzte Art wird Aggregation oder Teil-Von-Beziehung genannt und beschreibt den Fall, dass das Teil auf der Seite der nicht ausgefüllten Raute auch ohne die Existenz des verbundenen Elements bestehen kann (siehe Anhang 7). Bei den beiden zuletzt genannten Beziehungsarten ist ebenso die Möglichkeit zur Beschreibung der Kardinalität zwischen den Klassen gegeben.

Gesondert zu den anderen Beziehungen ist die Vererbung zu erwähnen. Sie ermöglicht die Weitergabe der Eigenschaften einer Vaterklasse an die verknüpften Kindklassen (siehe Anhang 8). Die übernommenen Datenstrukturen können hierbei unverändert übernommen werden oder überschrieben und somit an die Kindklasse angepasst werden. Falls in der Vaterklasse jedoch nur Prototypen für die Schnittstelle der Operationen definiert wurden müssen diese bei entsprechender Vererbung in der Kindklasse aktualisiert werden.[5] [6]

2.3 Sequenzdiagramm

Ein Sequenzdiagramm dient der Beschreibung des zeitlichen Ablaufs von Interaktionen zwischen Objekten und ist damit ein Teil der Interaktionsdiagramme. Jeder Kommunikationspartner hat seine eigene Lebenslinie und tauscht im Verlauf der Handlung Nachrichten aus.

Die Lebenslinie jedes Objekts verläuft vertikal von diesem aus nach unten und wird durch eine gestrichelte Linie dargestellt (siehe Anhang 9). Anhand einer Lebenslinie lässt sich jedoch nicht die reale Ordnung der Interaktion feststellen. Dies erfolgt erst durch die vorliegende Reihenfolge der gesendeten und empfangenen Nachrichten zwischen den Objekten.

Interagiert wird zwischen den Objekten mit sogenannten Nachrichten. Dabei gibt es eine Startereignisspezifikation und eine Endereignisspezifikation, die jeweils den Beginn und das Ende der Kommunikation markieren. Die Darstellung der Nachrichten wird durch Pfeile realisiert, die die Richtung der Nachricht angeben und je nach Nachrichtentyp ein unterschiedliches Aussehen

---

[5] vgl. Broy/Kuhrmann (2021), S. 588 ff.
[6] vgl. Müller/Weichert (2017), S. 154 ff.

haben. Sie besitzen zudem einen Namen und können weitere informative Parameter beinhalten. Existieren mögliche Rückgabeparameter werden diese nach einem Doppelpunkt auf dem Antwortpfeil notiert.

Die eben angesprochenen Nachrichtentypen können grundlegend in vier Typen unterteilt werden. Ein *call* ruft eine Operation des Zielobjekt synchron auf. Dies bedeutet, dass das initiierende Objekt auf eine Antwort des angesteuerten Objekts wartet. Dabei kann das Zielobjekt im Falle des Selbstaufrufs auch das Senderobjekt selbst sein. Beim *return* wird die soeben angesprochene Antwort auf die synchrone Nachricht zurückgesendet. *Send* hingegen ist eine asynchrone Nachricht. Hierbei wird ein Signal, welches einen Objektwert übergibt, an das Zielobjekt gesendet. Unabhängig davon, ob das Zielobjekt antwortet, arbeitet das Senderobjekt weiter. Der Empfänger kann über das Senden einer Antwortnachricht selbst entscheiden. Zuletzt sind noch die Standard-Stereotypen *create* und *destroy* zu erwähnen. Ersteres erstellt eine neue Abhängigkeitsbeziehung während letzteres eine bestehende beendet. Die Darstellung der jeweiligen Pfeile erfolgt je nach Nachrichtentyp (siehe Anhang 10).

Bezüglich der verschiedenen Nachrichtentypen ist noch die Ausführungsspezifikation zu erwähnen. Sie stellt die Zeitdauer der aktiven Ausführung einer Operation dar, sowie auch die Kontrollbeziehung der Stelle des Aufrufs zur Ausführung. Ein Teilnehmer zeigt dabei eine direkte Verhaltensweise, indem er aktiv ist, oder eine indirekte Vorgehensweise durch die Weitergabe der Interaktion und das anschließende Warten auf die Rückgabe einer Antwort. Findet die Spezifikation Anwendung wird anstelle einer gestrichelten Lebenslinie ein Balken gezeichnet, welcher durch ein Start- und Endereignis begrenzt ist (siehe Anhang 11).[7] [8]

2.4 Allgemeine Einordnung der Diagramme in die objektorientierte Softwareentwicklung

UML-Diagramme spielen eine wichtige Rolle im Entwicklungsprozess von Software. Sie dienen der Konzeption bestimmter Sachverhalte und legen dadurch das Fundament für weitere Planungen, sowie für die spätere Realisierung. Daher ist die Einordnung der drei thematisierten UML-Diagramme in den Prozess der objektorientierten Programmierung von großer Bedeutung. Hierfür müssen jedoch zuerst die beiden grundsätzlichen Vorgehensweisen zur Softwareentwicklung umrisshaft erläutert und eine Auswahl für eines dieser Vorhaben getroffen werden.

---

[7] vgl. Tremp (2022), S. 201 ff.
[8] vgl. Goll (2011), S. 367 - 371, 416 ff.

Es existieren generell zwei Ansätze zur Softwareentwicklung. Der klassische Ansatz beinhaltet eine starke Formalisierung und fixe Strukturierung der Abläufe eines Softwareprojekts. Das bekannteste Modell ist hierbei das Wasserfallmodell, welches den phasenorientierten Vorgehensmodellen untergeordnet ist. Charakteristisch hierfür sind feste Phasen, die nacheinander, auch sequentiell genannt, abgearbeitet werden. Eine beispielhafte Unterteilung eines Softwareprojekts stellen die sechs Phasen Anforderungsphase, Konzeptionsphase, Entwicklungsphase, Qualitätssicherungsphase, Releasephase und Wartungs- und Optimierungsphase dar. Es herrscht wenig Spielraum für Flexibilität.

Den zweiten Ansatz stellen die agilen Vorgehensweisen dar, welche grundsätzlich das Gegenstück zu den klassischen Ansätzen verkörpern, da der durch das Projekt entstehende Wert und die Flexibilität vor der fixen Verfahrensweise stehen. Somit sind Inhalt und Umfang in Form von Zeit und Geld meist festgelegt. Es soll mit den vorhandenen Ressourcen der größtmögliche Nutzen erzeugt werden.

Zu erwähnen sind noch hybride Ansätze, welche die Komponenten beider Arten kombinieren. Jedoch sind diese aufgrund der Komplexität für die vorliegende Arbeit zu vernachlässigen.

Die Entscheidung des Autors ist auf den klassischen Ansatz gefallen, da die klare Abgrenzung der Phasen eine präzisere Einordnung ermöglicht.

Use-Case-Diagramme werden weitgehend in der Anforderungsphase eines Projekts eingesetzt, um grundlegende Sachverhalte schnell zu verstehen und diese kommunizieren zu können. Eine genauere Modellierung ist bei Bedarf auch in späteren Projektphasen möglich.

Die Konzipierung von Klassendiagrammen findet über alle Projektphasen statt. Prinzipiell stehen jedoch die Anforderungsphase, in welcher ein hoher Abstraktionsgrad herrscht, und die Konzeptionsphase, welche einen erhöhten Detaillierungsgrad erfordert, im Fokus.

Sequenzdiagramme können in breiter Manier verwendet werden. Von dem Beginn eines Projekts zur groben Analyse des Systemverhaltens bis hin zur Realisierungsphase, um eine genauere Interaktionsbeschreibung zu definieren, findet das Diagramm eine Anwendung.[9] [10] [11] [12]

---

[9] vgl. Sandhaus/Berg/Knott (2014), S. 25 ff.
[10] vgl. Shiklo (2019), Onlinequelle
[11] vgl. Broy/Kuhrmann (2021), S. 597
[12] vgl. MID GmbH (o.J.), Onlinequelle

3   Praktische Anwendung der Diagramme auf ein Szenario

3.1   Ausgangssituation

Die Aufgabenstellung für dieses Assignment beinhaltet als Ausgangssituation ein mittelständiges Unternehmen, welches StarkWachsElastan vertreibt und aufgrund der schlechten Erfahrung mit Standardsoftware den Wechsel zu Individualsoftware durchführen will.

Das neue Verkaufssystem soll unter anderem dazu in der Lage sein Verkäufe aufzunehmen und Zahlungen abzuwickeln um damit den geldlichen Mehraufwand der alten Standardsoftware zu reduzieren.

Im Rahmen dieser Anforderungen sollen drei verschiedene UML-Diagramme zur Erfassung und Darstellung des vorliegenden Sachverhalts erstellt und in die entsprechende Projektphase eingeordnet werden.

3.2   Umsetzung und Einordnung des Use-Case-Diagramms

Als erstes Diagramm wurde das Use-Case-Diagramm umgesetzt. In diesem Fall soll es einen allgemeinen Überblick über den gesamten Sachverhalt geben und befindet sich somit am Beginn des Softwareprojekts. Konkret bedeutet dies, dass die Anforderungen, die in der Aufgabenstellung gegeben wurden, in eine grobe Struktur gebracht wurden und somit das Use-Case-Diagramm in der Anforderungsphase eingegliedert wird. Es bildet somit eine gemeinsame Basis zur Kommunikation zwischen Auftraggeber und Auftragsnehmer. Die Notationselemente beschränken sich daher auf die Systemgrenze, Akteure, Anwendungsfälle und drei grundlegenden Beziehungsarten. Visuell wurde sich an die in Kapitel 2.1 beschriebenen Formen gehalten. Das erstellte Use-Case-Diagramm bildet zudem die Grundlagen für weitere Verfeinerungen im zukünftigen Projektverlauf.

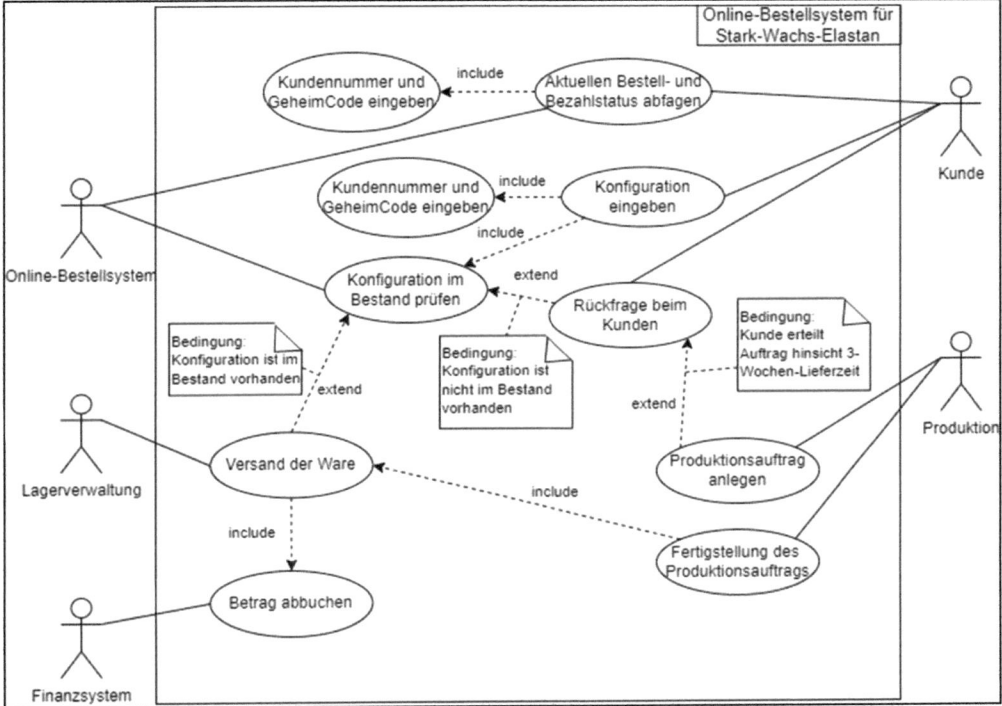

Abbildung 1: Fundamentales Use-Case-Diagramm der Individuallösung des Verkaufssystems[13]

3.3 Umsetzung und Einordnung des Klassendiagramms

Bei der Umsetzung des Klassendiagramms sind die Gegebenheiten aus dem Use-Case-Diagramm weiter verfeinert worden. Hierfür wurden die Akteure in einzelne Klassen umgewandelt. Jede dieser Klassen besitzt eigene Attribute und Methoden, welche die Kommunikation zwischen den Klassen ermöglicht. Alle Beziehungen wurden benannt und mit der entsprechenden Kardinalität versehen. Die Einhaltung der in Kapitel 2.2 ausgeführten Formate bezüglich der Umsetzung ist erfolgt.

Aufgrund des hohen Detaillierungsgrads ist das Klassendiagramm nicht mehr in der Anforderungsphase angesiedelt, sondern in der Konzeptionsphase, welche maßgeblich den Erfolg des Projekts beeinflusst. Das Diagramm ist dementsprechend eine Vorlage für die praktische Umsetzung des Systems.

---

[13] Eigendarstellung

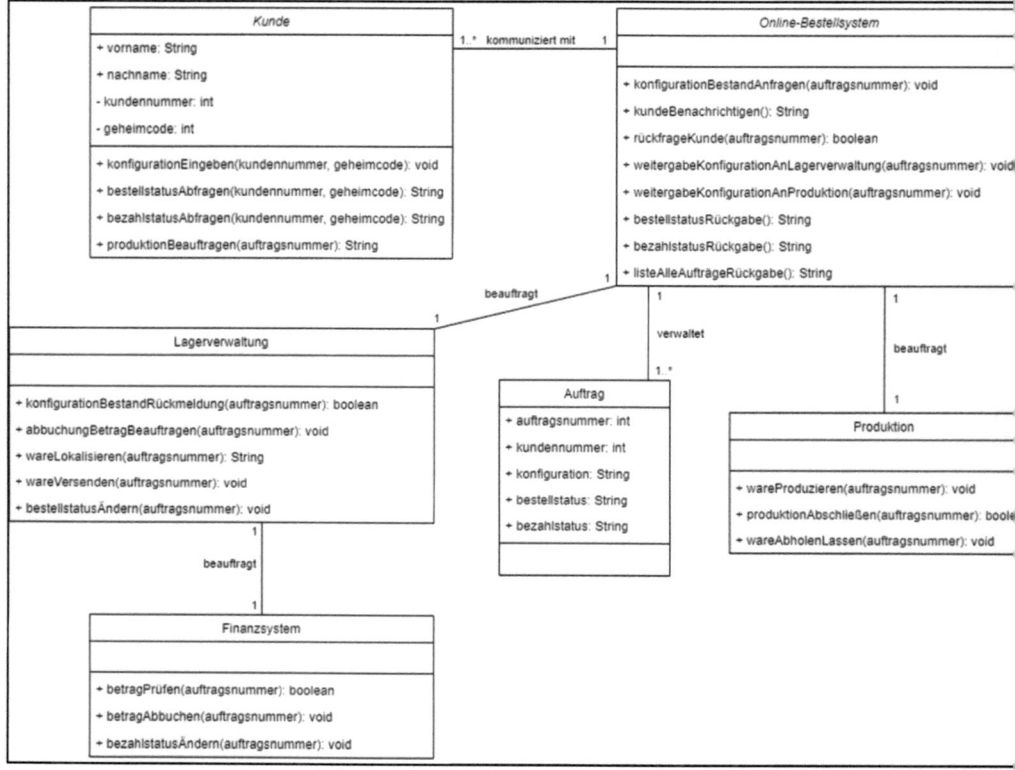

Abbildung 2: Detailliertes Klassendiagramm des Verkaufssystems[14]

3.4   Umsetzung und Einordnung des Sequenzdiagramms

Das Sequenzdiagramm wurde nach den definierten Notationen im Grundlagenteil umgesetzt (siehe Kapitel 2.3). Es orientiert sich stark am Detaillierungsgrad des Klassendiagramms und teilt sich zudem mit diesem die gleichen Methoden aufgrund der Integrität. Die Klassen wurden in Kommunikationspartner überführt und mit Lebenslinien versehen. Auf diesen Lebenslinien werden die synchronen, wie auch asynchronen, Nachrichten ausgetauscht, die benötigt werden, damit ein Kunde die in den Anforderungen beschriebenen Funktionalitäten nutzen kann.

Parallel zum Klassendiagramm wird das Sequenzdiagramm auch in die Konzeptionsphase eingeordnet, da somit für die Umsetzung ein umfassendes Konzept zur Interaktion zwischen den Teilnehmern des Verkaufssystems vorliegt und der Kommunikationsfluss optimal dargestellt wird.

---

[14] Eigendarstellung

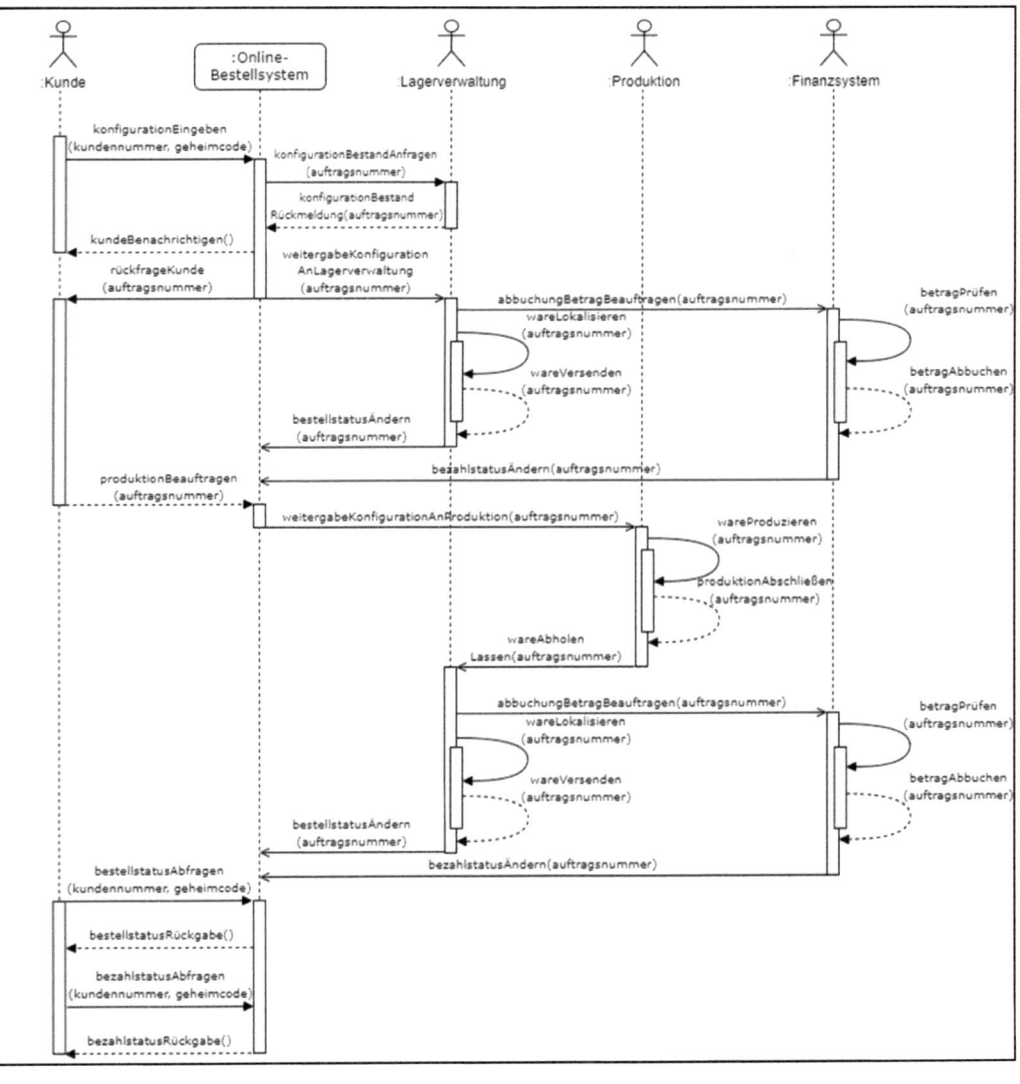

Abbildung 3: Sequenzdiagramm des Verkaufssystems[15]

---

[15] Eigendarstellung

4 Schluss

4.1 Zusammenfassung

Das Ziel des Assignments war die Umsetzung und Einordnung von drei ausgewählten Diagrammen der UML bezüglich der Integration einer Individualsoftware in ein mittelständiges Unternehmen. Zusammenfassend hat sich aus der Arbeit ergeben, dass die Erstellung der Diagramme die geschilderten Sachverhalte mit unterschiedlichen Detaillierungsgraden verdeutlichen konnten und somit eine Basis für die nachfolgenden Projektphasen gelegt wurde.

Zuerst wurden die Grundlagen hinsichtlich der UML-Diagramme erläutert. Zu den selektierten Darstellungen zählen das Use-Case-, Klassen- und Sequenzdiagramm. Alle Notationselemente, sowie die grundlegende Fragestellung jedes Diagramms, wurden erörtert. Zudem wurde sich für den klassischen Ansatz in Bezug auf die Vorgehensweise entschieden und ein erster Leitfaden zur Einordnung jedes Diagramms in eine dieser Projektphasen formuliert.

Mit der Ausarbeitung der UML-Diagramme wurden die gelernten Grundlagen angewendet. Jedes Diagramm wurde anhand der definierten Notationselemente und der Anforderungen aus der Aufgabenstellung erfolgreich umgesetzt. Anschließend erfolgte eine präzise Einordnung der Diagramme in die jeweilige Projektphase. Ein Hauptkriterium stellt hierbei der Detaillierungsgrad der Abbildung dar.

4.2 Kritische Würdigung

Aufgrund des begrenzten Umfangs der vorliegenden Arbeit ist es nicht möglich gewesen genauer auf alle existierenden Notationselemente jedes UML-Diagramms einzugehen. Die wichtigsten Komponenten wurden selektiert, beschrieben und umgesetzt. Jedoch ermöglichen die zusätzlichen Elemente die Möglichkeit den vorliegenden Sachverhalt noch präziser zu beschreiben.

Folglich ergeben sich daraus umfangreichere und noch detailliertere Diagramme, welche das Risiko fehlerhafter Konfigurationen in den nachfolgenden Projektphasen weiter minimieren und somit die Wahrscheinlichkeit des Erreichens des Projektziels dazu erhöhen.

Anhang

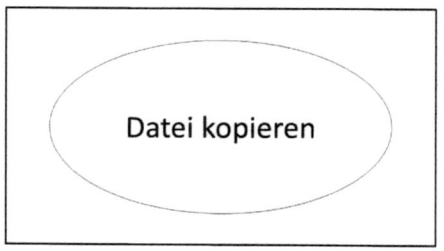

Anhang 1: Use Case Beispiel anhand der Funktionalität "Datei kopieren"[16]

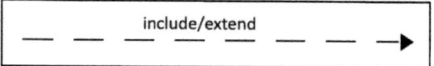

Anhang 2: Kennzeichnung von Beziehungen zwischen Use Cases[17]

Anhang 3: Darstellung eines Akteurs in einem Use-Case-Diagramm[18]

Auto
-Bezeichnung: String -Hersteller: String -Farbe: String -Sitzplätze: int
+fahren(): void +bremsen(): void +tanken(): boolean

Anhang 4: Beispielklasse Auto im Klassendiagramm[19]

---

[16] ähnlich: Brandt-Pook /Kollmeier (2020), S. 69
[17] ähnlich: Brandt-Pook /Kollmeier (2020), S. 70
[18] ähnlich: Herrmann (2022), S. 128
[19] Eigendarstellung

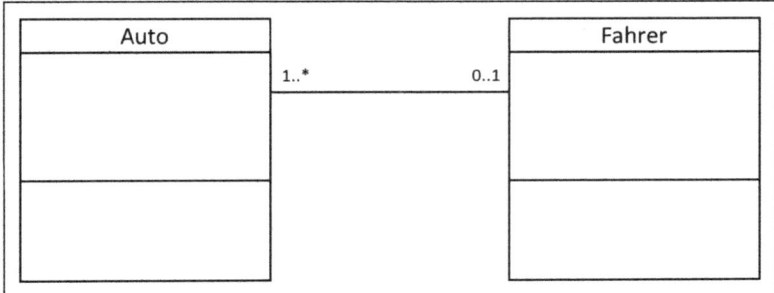

Anhang 5: Assoziation zwischen den Klassen Auto und Fahrer[20]

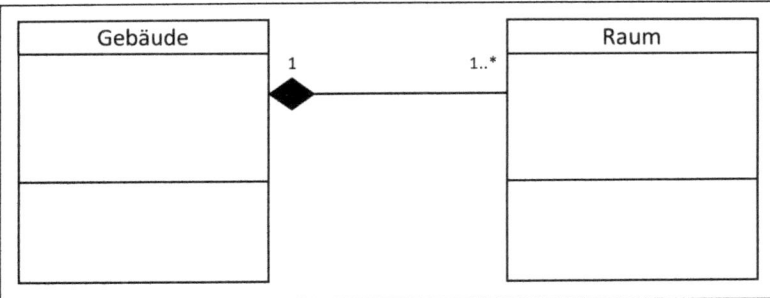

Anhang 6: Komposition zwischen den Klassen Gebäude und Raum[21]

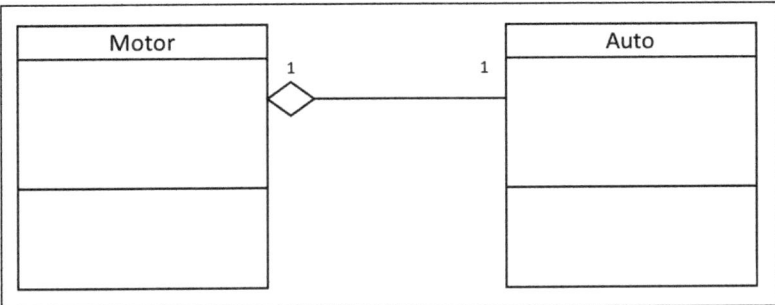

Anhang 7: Aggregation zwischen den Klassen Motor und Auto[22]

---

[20] Eigendarstellung
[21] Eigendarstellung
[22] Eigendarstellung

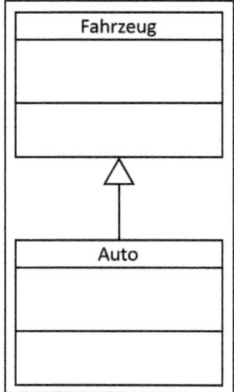

Anhang 8: Vererbung an die Klasse Auto aus der Klasse Fahrzeug[23]

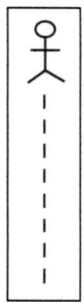

Anhang 9: Lebenslinie eines Kommunikationspartners im Sequenzdiagramm[24]

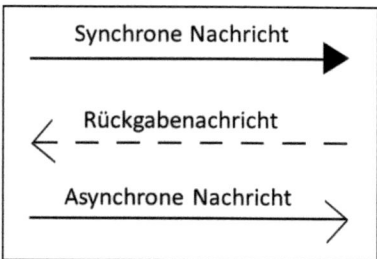

Anhang 10: Nachrichtenarten eines Sequenzdiagramms[25]

---

[23] Eigendarstellung
[24] Eigendarstellung
[25] Eigendarstellung

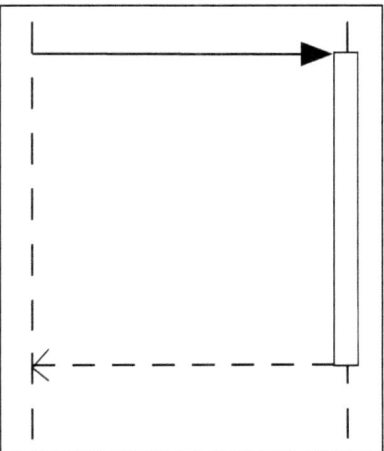

Anhang 11: Ausführungsspezifikation[26]

---

[26] Eigendarstellung

Literaturverzeichnis

Brandt-Pook, Hans/Kollmeier, Rainer (2020): Softwareentwicklung kompakt und verständlich – Wie Softwaresysteme entstehen (E-Book: pdf-Dokument), 3. verbesserte Auflage, Wiesbaden.

Broy, Manfred/Kuhrmann, Marco (2021): Einführung in die Softwaretechnik (E-Book: pdf-Dokument), Berlin.

Goll, Joachim (2011): Methoden und Architekturen der Softwaretechnik (E-Book: pdf-Dokument), Wiesbaden.

Herrmann, Andrea (2022): Grundlagen der Anforderungsanalyse – Standardkonformes Requirements Engineering (E-Book: pdf-Dokument), Wiesbaden.

Kleuker, Stephan (2018): Grundkurs Software-Engineering mit UML – Der pragmatische Weg zu erfolgreichen Softwareprojekten (E-Book: pdf-Dokument), 4. Auflage, Wiesbaden.

MID GmbH (Hrsg.) (o.J.): System mit Klassen strukturieren, https://help.innovator.de/Enterprise/de-de/Content/I4SA/ClassModel.htm?TocPath=Innovator%20for%20Software%20Architects%7CSystem%20mit%20Klassen%20strukturieren%20(Klassendiagramm)%7C_____0 (Zugriff am 14.12.2022).

Müller, Heinrich/Weichert, Frank (2017): Vorkurs Informatik – Der Einstieg ins Informatikstudium (E-Book: pdf-Dokument), 5. Auflage, Wiesbaden.

Sandhaus, Gregor/Berg, Björn/Knott, Philip (2014): Hybride Softwareentwicklung – Das Beste aus klassischen und agilen Methoden in einem Modell vereint (E-Book: pdf-Dokument), Wiesbaden.

Shiklo, Boris (2019): Software-Lebenszyklus: Phasen mit Beispielen erklärt, https://www.scnsoft.de/blog/beispiele-fuer-den-software-lebenszyklus#:~:text=Im%20Wesentlichen%20wird%20der%20Software,welches%20Vorgehen smodell%20ins%20Spiel%20kommt. (Zugriff am 13.12.2022).

Tremp, Hansruedi (2022): Agile objektorientierte Anforderungsanalyse – Planen - Ermitteln - Analysieren - Modellieren - Dokumentieren - Prüfen (E-Book: pdf-Dokument), Wiesbaden.